AF382193

LA TEORÍA DE JUEGOS

El arte del pensamiento estratégico

Por Jean Blaise Mimbang
En colaboración con Isabelle Van Steenkiste
Traducido por Laura Bernal Martín

Economía y empresa · 50MINUTOS.es

LAS CLAVES PARA EL ÉXITO

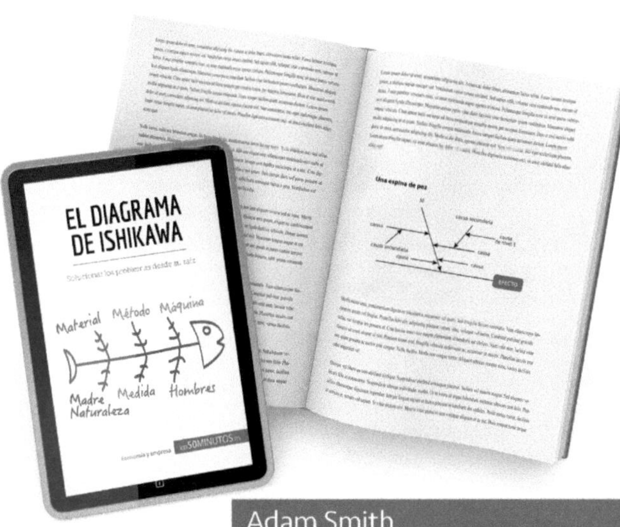

- Adam Smith
- El principio de Pareto
- El estrés laboral
- La pirámide de Maslow

www.50minutos.es

LA TEORÍA DE JUEGOS

DATOS CLAVE

- **¿Denominaciones?** Teoría de juegos, teoría sobre los comportamientos estratégicos o teoría de la decisión interactiva.
- **¿Utilidad?** Justificación de las leyes y de las normas sociales a fin de mantener la cooperación en un grupo; uso en el proceso de toma de decisiones políticas; comprensión de las relaciones de poder en una negociación; herramienta de análisis de conflictos; herramienta que permite generar confianza en un grupo; aplicación en la lógica y en la teoría de conjuntos; empleo en la economía, en la biología, en la informática y en la teoría de la evolución.
- **¿Por qué es eficaz?** La teoría de juegos es una fantástica herramienta que se emplea en las negociaciones y que nos invita a reflexionar sobre la complejidad de las interacciones sociales. Nos muestra que:
  - los individuos, las empresas y los países son interdependientes;

  - la interacción es beneficiosa para la resolución de problemas comunes;
  - la cooperación no es fácil;
  - en algunos casos, cuando cada individuo privilegia su propio interés, el interés colectivo no puede alcanzarse;
  - la forma en que se realizan elecciones estratégicas en situación de cooperación es diversa.
- **¿Palabras clave?**
  - <u>Interacción</u>: acción colectiva en la que un jugador efectúa una acción o toma una decisión que está influida por otro jugador.
  - <u>Estrategia</u>: especificación completa del comportamiento de un jugador en cualquier situación en la que tenga que jugar.

INTRODUCCIÓN

Todos los agentes individuales, ya sean animales, personas físicas y morales o personas del ámbito económico—políticos, consumidores, empleadores, productores, etc.—, así como los grupos —equipos deportivos, países, ejércitos, etc.— interaccionan diariamente con otros en la toma de decisiones. Estas interacciones pueden ir de la cooperación al conflicto.

El campo de acción de la teoría de juegos es muy amplio, y sus aplicaciones se encuentran en ámbitos tan variados como las relaciones internacionales, la economía, las ciencias políticas, la filosofía o la historia, entre otras. Esta teoría desarrolla herramientas que tienen como objetivo analizar comportamientos (económicos, sociales, etc.) en forma de juegos de estrategia.

Historia

Los primeros análisis de juegos estratégicos se remontan a la época del Renacimiento. Pero habría que esperar hasta los siglos XIX y XX para que se formalizara una verdadera teoría sobre este tema. Ente los teóricos de juegos de la época destacan los matemáticos y economistas Antoine Augustin Cournot, Émile Borel, John von Neumann, Oskar Morgenstern y John Forbes Nash, cuyas respectivas aportaciones se desarrollarán en la siguiente sección de esta guía.

Definición del modelo

La teoría de juegos estudia las consecuencias de la interacción estratégica entre agentes racionales (jugadores) que persiguen objetivos propios dentro de un marco definido. Estas interacciones comprenden la negociación, la competición, la solidaridad, el suministro de un bien o de un servicio, etc., es decir, todas las acciones posibles que lleven a un resultado. El juego se salda con una ganancia, positiva o negativa, que percibe cada individuo que ha participado en el mismo.

El objetivo de esta teoría es demostrar que los individuos, las empresas e incluso los países son interdependientes, y que a todos les interesa encontrar un equilibrio que permita que sus interacciones resulten beneficiosas para todas las partes. Además, la teoría nos invita a concienciarnos de que, aunque cooperar no es fácil, es preferible el entendimiento al enfrentamiento.

TEORÍA Y PRESENTACIÓN DEL CONCEPTO

LA TEORÍA DE JUEGOS Y SUS PENSADORES

Los inicios de la teoría de juegos propiamente dicha se encuentran en las obras de los matemáticos de la primera mitad del siglo XIX.

Antoine Augustin Cournot

El primero en estudiar los aspectos estratégicos de las interacciones entre agentes económicos es Antoine Augustin Cournot (matemático, filósofo y economista francés, 1801-1877). Su obra, *Investigaciones acerca de los principios matemáticos de la teoría de las riquezas* (1838), contiene las bases de la teoría de juegos que se desarrollaría más tarde, en la década de 1950. Analiza las diferentes formas de competencia en las situaciones de duopolio (mercado en el que compiten dos vendedores) y en el contexto particular del equilibro de Nash (entre productores), del que ofrece las primeras formulaciones.

INVESTIGACIONES ACERCA DE LOS PRINCIPIOS MATEMÁTICOS DE LA TEORÍA DE LAS RIQUEZAS (1838)

Esta obra, que no tuvo repercusiones cuando se publicó, sale de la sombra gracias a los trabajos que llevó a cabo en 1950 John Forbes Nash (economista y matemático estadounidense, nacido en 1928) sobre la teoría de juegos repetidos. El duopolio de Cournot constituye hoy en día el modelo de base del análisis de la competencia imperfecta en la economía industrial.

Francis Ysidro Edgeworth

Mientras que Cournot analiza las interacciones estratégicas entre dos empresas productivas, el economista y abogado inglés Francis Ysidro Edgeworth (1845-1926) amplia este razonamiento y aplica el modelo a un caso de economía sin producción. En *Matemáticas psíquicas: Un ensayo sobre la aplicación de las matemáticas a las ciencias morales* (1881), el autor elabora una herramienta de representación de las interacciones entre dos agentes económicos no productivos, llamada «la caja de Edgeworth». Esta obra marca la introducción de las matemáticas en la economía.

LA CAJA DE EDGEWORTH

Esta caja permite tanto analizar todas las posibilidades de asignación de recursos entre dos entidades como observar si esta asignación es óptima en el sentido de Pareto, es decir, si no es posible mejorar la situación de un agente sin empeorar la del otro.

Ernst Friedrich Ferdinand Zermelo

La literatura moderna sobre la teoría de juegos admite de buen grado que el primer teorema formal de la teoría de juegos procede de Ernst Friedrich Ferdinand Zermelo (matemático alemán, 1871-1953) en 1913. Este teorema, recuperado por numerosos autores, se ha enunciado de varias maneras. Retomemos la versión de Mas Colell *et al.* de 1995 que afirma, en resumen, que en todo juego finalizado —cuyo número de partidas sea conocido de antemano— con información perfecta (es decir, que cada jugador conozca, además de las suyas, todas las estrategias y las funciones de ganancia del resto de jugadores) existe un equilibrio que será posteriormente denominado «equilibrio de Nash».

Este equilibrio está formado por estrategias puras (serie de acciones elegidas por un jugador con la seguridad de que este último va a jugarlas) y se obtiene mediante la inducción retroactiva, que consiste en determinar las estrategias óptimas de los actores en la última jugada. Dicho de otra forma, razonamos comenzando por la última etapa del juego y retrocedemos hasta la primera determinando en cada etapa del mismo cuáles son las mejores estrategias de los jugadores. Ilustraremos este concepto más adelante.

Émile Borel

Aunque todas las contribuciones precedentes permiten resolver juegos simples, es decir, con estrategias puras, la contribución del matemático francés Émile Borel (1871-1956) marca a partir de 1921 un punto de inflexión en la teoría de juegos. En el volumen IV de su obra *Traité du calcul des probabilités et ses applications* (*Tratado del cálculo de probabilidades y sus aplicaciones*, 1924-1934), el autor introduce las probabilidades en los juegos de azar y enuncia el teorema del minimax para los juegos de suma cero, en los que las ganancias de un jugador corresponden a las pérdidas del otro. En la misma obra, el autor establece asimismo una distinción entre dos tipos de juegos de azar:

- la primera reúne los juegos en los que la personalidad y la habilidad del jugador no intervienen;
- la segunda corresponde a los juegos en los que intervienen tanto el azar propiamente dicho como la habilidad de los jugadores. Esta categoría presenta similitudes con los fenómenos económicos.

EL TEOREMA DEL MINIMAX O EL TEOREMA FUNDAMENTAL DE LA TEORÍA DE JUEGOS CON DOS JUGADORES

Aunque Émile Borel enuncia este teorema en 1921, la primera prueba completa del mismo la aporta unos años más tarde, en 1928, el matemático estadounidense John von Neuman. Borel asegura que en un juego no cooperativo —es decir, un juego en el que todas las opciones estratégicas que se le ofrecen a los jugadores están especificadas— que enfrenta a dos jugadores, con información completa, con un número determinado de estrategias puras y con suma cero, existe al menos un equilibro en el que a ningún jugador le interesa desviarse de su estrategia mixta —es decir, la distribución de probabilidades que realiza un jugador entre sus estrategias puras—.

Este teorema posee una gran importancia en la teoría de juegos, puesto que proporciona un método racional de toma de decisiones simultáneas en un contexto de competencia (juego de suma cero).

John von Neumann y Oskar Morgenstern

En realidad, la teoría de juegos nace como disciplina propiamente dicha en 1944 gracias a la iniciativa del matemático estadounidense John von Neumann (1903-1957) y del economista alemán Oskcar Morgenstern (1902-1977). Juntos escriben el libro *Theory of Games and Economic Behavior* (*Teoría de juegos y comportamiento económico*), que ayuda a que esta nueva disciplina experimente un auge considerable, sobre todo en relación a los comportamientos humanos. En esta obra, los autores proponen una solución de equilibrio en el caso particular de un juego de suma cero. Las partidas de ajedrez, por ejemplo, presentan la particularidad de que las ganancias de un jugador se corresponden con las pérdidas del otro.

John Forbes Nash y sus sucesores

Los trabajos del economista y matemático estadounidense John Forbes Nash consolidan las bases de la teoría de juegos en 1950. Nash propone una solución de equilibrio para los juegos con suma distinta de cero. Para ello, se basa en los trabajos del economista francés Antoine

Augustin Cournot de 1838 y propone una teoría de equilibrio no cooperativo para los juegos de suma variable. Esta teoría generaliza la solución propuesta en 1944 por John von Neumann y Oskar Morgenstern.

En 1965, el economista alemán Reinhard Selten (nacido en 1930) aporta su granito de arena a la teoría al introducir el concepto de «equilibrio perfecto en subjuegos».

En esta misma línea, el economista húngaro-australiano naturalizado estadounidense John Charles Harsanyi (1920-2000) realiza una significativa contribución a la teoría de juegos gracias a su análisis en profundidad de los juegos con información incompleta llamados «juegos bayesianos». De la misma manera, populariza el concepto, altamente teórico, del «equilibrio de Nash» a través de su extenso artículo de 1967.

En último lugar, el matemático canadiense Donald Bruce Gillies (1928-1975) realiza una sistematización del equilibrio general a partir de la caja de Edgeworth de Francis Ysidro Edgeworth.

EL EQUILIBRIO DE NASH

El equilibrio de Nash es una situación de equilibrio en la ningún jugador tiene interés en modificar de forma individual su estrategia teniendo en cuenta la del otro.

A partir de los años 70 y 80, la teoría de juegos experimenta un importante desarrollo en el ámbito de las matemáticas. Actualmente, es tanto una rama de la economía como de las matemáticas, aunque puede aplicarse, como hemos mencionado con anterioridad, a numerosos problemas sociales, médicos, políticos y económicos.

Como prueba de la importancia de esta disciplina, son muchos los teóricos de juegos que han recibido el Premio Nobel de Economía estos últimos años:

- John Charles Harsanyi, John Forbes Nash y Reinhard Selten en 1994;
- el economista estadounidense Thomas Schelling (nacido en 1921) y el economista israelí Robert Aumann (nacido en 1930) en 2005;

- los economistas estadounidenses Lloyd Shapley (nacido en 1923) y Alvin Roth (nacido en 1951) en 2012.

PRESENTACIÓN DE LA TEORÍA DE JUEGOS

Las hipótesis en las que se basa la teoría de juegos son las siguientes:

- la racionalidad de los agentes (jugadores) que les empuja a lograr la mejor situación posible para ellos mismos, la cual se mide por lo que llamamos «utilidad»;
- cada jugador conoce, además de las suyas, todas las estrategias y las funciones de ganancia del resto de jugadores (información completa);
- cada participante toma las mejores decisiones para él mismo con el objetivo de maximizar su utilidad si se trata de un individuo o sus beneficios si se trata de una empresa, a sabiendas de que otros hacen lo mismo;
- todos los participantes conocen las elecciones que se realizaron en el pasado.

Formalidades del juego

Un juego estratégico se caracteriza por un conjunto de reglas de juego que especifican:

- los jugadores;
- las estrategias (acciones o decisiones);
- la secuencia de las decisiones (el desarrollo del juego);
- las ganancias o la utilidad de los jugadores (en función de las estrategias de los mismos). La utilidad no es una medición de las ganancias materiales, monetarias, etc., sino una medición subjetiva de la satisfacción de los jugadores;
- la información a disposición de los jugadores. Esta puede ser completa (perfecta) o incompleta (imperfecta).

Tipos de juegos

Existen diversos tipos de juegos:

- juegos de suma cero o estrictamente competitivos y juegos de suma distinta de cero;
- juegos con decisiones simultáneas y juegos de decisiones secuenciales;
- juegos cooperativos y juegos no cooperativos;

- juegos de dos jugadores y juegos de n jugadores ($n > 2$);
- juegos de información perfecta (completa) y juegos de información imperfecta (incompleta);
- juegos estáticos (un turno) y juegos repetidos (varios turnos) en un horizonte finito (número de turnos determinado) o infinito.

Tipo de estrategias

- <u>Estrategia pura</u>: serie de acciones elegidas por un jugador con la seguridad de que este último es susceptible de jugarlas.
- <u>Estrategia mixta</u>: distribución de probabilidades que realiza un jugador entre sus estrategias puras.
- <u>Estrategia débilmente dominante</u>: una estrategia S_i es débilmente dominante para el jugador i si existe otra estrategia S_i' que le ofrece unas ganancias inferiores o iguales al jugador i.
- <u>Estrategia débilmente dominada</u>: una estrategia S_i esta débilmente dominada por el jugador i si existe otra estrategia S_i' que le ofrece unas ganancias superiores o iguales al jugador i.
- <u>Estrategia estrictamente dominante</u>: una estrategia S_i es estrictamente dominante para

el jugador *i* si no existe otra estrategia S*i*' que le ofrezca unas ganancias estrictamente superiores al jugador *i*.

- <u>Estrategia estrictamente dominada</u>: una estrategia S*i* está estrictamente dominada por el jugador *i* si existe otra estrategia S*i* ' que le ofrezca unas ganancias estrictamente superiores al jugador *i*.

REPRESENTACIONES DE LOS JUEGOS

Consideremos el siguiente juego: dos jugadores (jugador 1 y jugador 2) deciden enfrentarse.

- Estrategias del jugador 1: *X* y *Y*
- Estrategias del jugador 2: *U* y *V*
- Secuencia de decisiones: primero el jugador 1, después el jugador 2
- Ganancias: la representación de la matriz de ganancias se realiza con *a* y *b*; *a* representa las ganancias del jugador 1 y *b* las del jugador 2
  - Si el jugador 1 elige X y el jugador 2 elige U
    * ganancias del jugador 1: 4
    * ganancias del jugador 2: 2
  - Si el jugador 1 elige X y el jugador 2 elige V
    * ganancias del jugador 1: 3
    * ganancias del jugador 2: 1

- ◦ Si el jugador 1 elige Y y el jugador 2 elige U
    - * ganancias del jugador 1: 2
    - * ganancias del jugador 2: 5
- ◦ Si el jugador 1 elige Y y el jugador 2 elige V
    - * ganancias del jugador 1: 9
    - * ganancias del jugador 2: 0

Enunciemos ahora la hipótesis de una información completa entre los dos jugadores. Existen dos formas de representación posible en este juego:

- una forma extensiva, más adaptada a los juegos de decisiones secuenciales

Forma extensiva

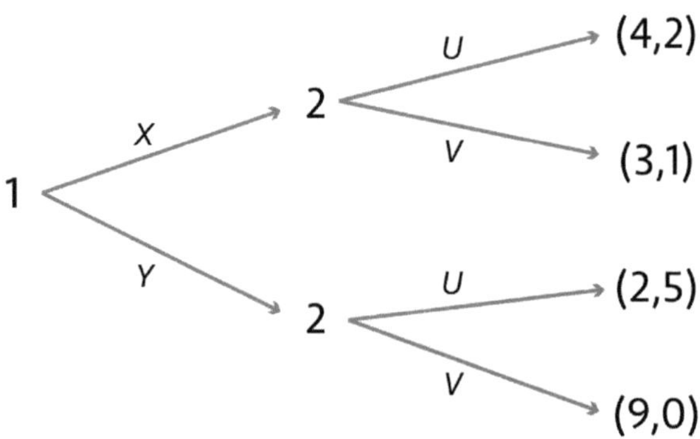

- una forma estratégica, más adaptada a los juegos estáticos de decisiones simultáneas

Forma estratégica

		JUGADOR 2	
		U	**V**
JUGADOR 1	**X**	(4,2)	(3,1)
	Y	(2,5)	(9,0)

A cada forma extensiva le corresponde un juego en forma estratégica en el que los jugadores eligen simultáneamente las estrategias que van a emplear. Por el contrario, un juego en forma estratégica puede corresponder a varios juegos en forma extensiva diferentes.

Eliminación sucesiva de estrategias dominadas

Con el fin de definir qué estrategia empleará el jugador 1 y cuál el jugador 2, determinemos las estrategias dominantes de cada jugador.

Jugador 2

- Si el jugador 1 elige *X*, entonces la mejor elección del jugador 2 es *U*, porque de esta forma consigue unas ganancias de 2 (contra 1 si eligiera *V*).
- Si el jugador 1 elige *Y*, entonces la mejor elección del jugador 2 es *U*, porque de esta forma consigue unas ganancias de 5 (contra 0 si eligiera *V*).

Para el jugador 2, la estrategia *U* domina estrictamente a la estrategia *V* porque le ofrece al jugador 2 unas ganancias superiores en ambas situaciones.

Como el jugador 2 elimina la estrategia *V* (estrictamente dominada, porque pierde pase lo que pase), el juego en forma estratégica se presenta de la siguiente forma:

Estrategia dominante del jugador 2

		JUGADOR 2	
		U	
JUGADOR 1	**X**	(4,2)	
	Y	(2,5)	

Jugador 1

Dado que el jugador 2 elige la estrategia estrictamente dominante U, entonces la mejor elección del jugador 1 es X, porque de esta forma se beneficiará de unas ganancias de 4 (en lugar de 2 si eligiera Y).

Para el jugador 1, la estrategia X es dominante porque le ofrece unas ganancias superiores.

Como el jugador 1 elimina la estrategia dominada (con la que más perdería), el juego en forma estratégica se presenta de la siguiente forma:

Estrategia dominante del jugador 1

		JUGADOR 2	
		U	
JUGADOR 1	*X*	(4,2)	

La situación *X*, *U* corresponde al equilibrio de Nash.

El equilibrio de Nash

El equilibrio de Nash es una situación en la que ningún jugador quiere modificar su estrategia en vista de las escogidas por los demás jugadores. Dado que estos últimos actúan de forma estratégica, cada uno de ellos empleará su mejor respuesta en relación a las estrategias de los otros jugadores.

La determinación del equilibrio de Nash se realiza mediante la eliminación iterativa (sucesiva) de las estrategias dominadas, puesto que estas

nunca son empleadas por los jugadores (la racionalidad obliga).

En el ejemplo que nos ocupa, el equilibrio de
Nash se corresponde con las estrategias:

- *X* para el jugador 1
- *U* para el jugador 2

Y las ganancias asociadas son las siguientes:

- Ganancias jugador 1: 4
- Ganancias jugador 2: 2

ELIMINACIÓN DE LAS ESTRATEGIAS DOMINADAS

Un juego puede resolverse mediante la
eliminación iterativa de las estrategias
dominadas hasta que al final del proceso de
dicha eliminación solo quede una estrategia
(perfil único) para cada jugador. El equilibrio
de Nash está formado por estrategias que
se han obtenido de esta forma.

El equilibrio de Nash obtenido mediante la
eliminación sucesiva de estrategias (estrictamente) dominadas no depende del orden
elegido para eliminar dichas estrategias. Por

el contrario, podemos obtener un equilibrio diferente al optar por eliminar las estrategias débilmente dominadas. El equilibrio de Nash obtenido mediante la eliminación sucesiva de las estrategias estrictamente dominadas es más fuerte que el equilibrio obtenido por la eliminación iterativa de las estrategias débilmente dominadas.

En algunos casos, los juegos no pueden resolverse.

Óptimo de Pareto

Un juego de estrategias puras puede contar con varios equilibrios de Nash, de la misma forma que puede no tener ninguno. En este caso, el problema que se plantea es saber cómo elegir un solo equilibrio en concreto.

El óptimo de Pareto afirma que un perfil de estrategias A domina un perfil de estrategias A' si A es estrictamente mejor para todos los jugadores.

Definimos el nivel de seguridad de una estrategia para un jugador como la ganancia mínima que puede aportar esta estrategia independientemente de la elección del resto de jugadores. El nivel de seguridad Sí del jugador í es el nivel de seguridad máximo de las estrategias í.

En el caso de nuestro ejemplo:

- el nivel de seguridad de la estrategia X del jugador 1 es 3;
- el nivel de seguridad de la estrategia Y del jugador 1 es 2;
- el nivel de seguridad de la estrategia U del jugador 2 es 2;
- el nivel de seguridad de la estrategia V del jugador 2 es 0.

De esta forma el nivel de seguridad del jugador 1 es 3, mientras que el del jugador 2 es 2.

Estrategias mixtas

Las estrategias que hemos definido y empleado hasta este punto son estrategias puras (opciones que se le presentan a los jugadores).

Tal como hemos definido anteriormente, una estrategia mixta es una distribución de probabilidades sobre el conjunto de las estrategias puras. Los jugadores eligen de forma aleatoria utilizar sus estrategias con una probabilidad segura.

Para ejemplificarlo, retomemos nuestro juego definido descrito más arriba y supongamos esta vez que el jugador 1 emplea aleatoriamente X e Y con una probabilidad de ½ (0,5) y supongamos que el jugador 2 hace lo mismo.

- Forma estratégica del juego con estrategias mixtas: una de cada dos veces (0,5 o ½), el jugador 1 elige la estrategia X y una de cada dos veces (0,5 o ½) la estrategia Y. El jugador 2 hace lo mismo.

Forma estratégica del juego con estrategias mixtas

		JUGADOR 2	
		0,5 U	**0,5 V**
JUGADOR 1	**0,5 X**	(4,2)	(3,1)
	0,5 Y	(2,5)	(9,0)

- Ganancias previstas:
  - si el jugador 2 elige *U*, entonces las ganancias esperadas del jugador 1 son (0,5 x 4) + (0,5 x 2) = 3;
  - si el jugador 2 elige *V*, entonces las ganancias esperadas del jugador 1 son (0,5 x 3) + (0,5 x 9) = 6;
  - si el jugador 1 elige *X*, entonces las ganancias esperadas del jugador 2 son (0,5 x 2) + (0,5 x 1) = 1,5;
  - si el jugador 1 elige *Y*, entonces las ganancias esperadas del jugador 2 son (0,5 x 5) + (0,5 x 0) = 2,5.

- Equilibrio de Nash en estrategias mixtas. Cada jugador elige la estrategia que le permite maximizar sus ganancias. En el equilibrio de Nash del ejemplo, el jugador 1 elige *Y* con la probabilidad ½ (0,5) y el jugador 2 elige *V* con la probabilidad ½ (0,5). Las ganancias previstas por ambos jugadores son de 6 para el jugador 1 y de 2,5 para el jugador 2. Podemos observar aquí el teorema de Nash, ya que todo juego en forma estratégica alberga un equilibrio de Nash en estrategias mixtas.

EL DILEMA DEL PRISIONERO

Varios conceptos de la teoría de juegos se pueden estudiar mediante un único ejemplo, el del dilema del prisionero. La primera versión de este fue presentada por los investigadores de la RAND Corporation (Departamento de Investigación y Desarrollo de las Fuerzas Aéreas de los Estados Unidos, creado en 1945) en 1950. Permite explicar la carrera armamentística, así como el proceso de desarme nuclear.

El enunciado del dilema del prisionero

Dos ladrones son detenidos e interrogados por separado. La policía está convencida de que son culpables, pero carece de pruebas suficientes para sentenciarlos con severidad. Por su parte, antes del arresto, los ladrones habían jurado no traicionarse. La policía, que desea ante todo que ambos confiesen, promete que el que lo haga será puesto en libertad, pero solo si uno de los dos lo hace. He aquí el dilema: por una parte, los prisioneros saben que solo se enfrentarán a una breve sentencia si no confiesan ante la policía; por la otra, ambos se ven tentados individual-mente a confesar el crimen para poder así ser puestos en libertad.

Forma estratégica del dilema del prisionero

Forma estratégica del dilema del prisionero

		JUGADOR 2	
		Negar	**Confesar**
JUGADOR 1	**Negar**	(-1,-1)	(-5,0)
	Confesar	(0,-5)	(-4,-4)

En este caso los dos jugadores (ladrones) pueden elegir entre dos estrategias: «negar» o «confesar». En cada celda aparecen los *payoffs* (ganancias) de los jugadores. La primera cifra corresponde al resultado del jugador 1 y la segunda a la del jugador 2. Por convenio, anotamos aquí el número de años de sentencia en negativo para mostrar que se trata de una pérdida de utilidad. El objetivo de cada jugador es minimizar el número de años de sentencia.

Estrategias dominantes de los dos jugadores

- Si el jugador 2 elige negar, al jugador 1 le interesa confesar para evitar un año de cárcel y por tanto ser puesto en libertad.
- Si el jugador 2 elige confesar, al jugador 1 le interesa confesar para cumplir solo cuatro años de cárcel en vez de cinco, lo que ocurriría si eligiese negar.
- Si el jugador 1 elige negar, al jugador 2 le interesa confesar para evitar un año de cárcel y por tanto ser puesto en libertad.
- Si el jugador 1 elige confesar, al jugador 2 le interesa confesar para cumplir solo cuatro años de cárcel en vez de cinco, lo que ocurriría si eligiese negar.

La estrategia «confesar» es en este caso una estrategia dominante para ambos jugadores: independientemente de la elección de un jugador, el otro siempre obtendrá un mejor resultado si denuncia a su cómplice. Esto es lo que llamamos equilibrio de Nash.

El equilibrio de Nash del dilema del prisionero

La solución lógica del juego (equilibrio de Nash) sería que cada jugador denunciara al otro: ambos serían condenados a cuatro años de cárcel. Por el contrario, si cooperaran (y ambos guardan silencio), los dos se enfrentarían solo a un año de cárcel. El dilema del prisionero ilustra el conflicto entre el bienestar colectivo que resulta de la cooperación y los estímulos individuales que te piden no hacerlo. En una situación en la que uno de los dos jugadores no está seguro de las intenciones del otro, existe un interés en nombre de la racionalidad individual que le llevaría a optar por la estrategia «confesar», a pesar de que incluso el interés colectivo le recomienda optar por la estrategia «negar». De ahí la importancia de que existan leyes, normas y reglas sociales que impongan una cierta cooperación pero que, en la práctica, no se encuentran con facilidad.

LÍMITES DEL MODELO Y EXTENSIONES

LÍMITES Y CRÍTICAS DEL MODELO

Los numerosos límites y críticas que existen sobre la teoría de juegos se refieren tanto a la propia noción de juego, como a la noción de equilibrio y a las posibles aplicaciones de la teoría.

Noción de juego

Los teóricos de juegos emplean la palabra «juego» para designar todo modelo que posea una lista de individuos (jugadores), un conjunto de estrategias y unos *payoffs* (ganancias). El término «juego» no hace referencia a una actividad simbólica que tiene como objeto el disfrute, sino más bien a una serie de restricciones ligadas a una encrucijada.

Noción de equilibrio de Nash

En el día a día, los equilibrios se suelen percibir como «estados de reposo» en los que entran sistemas que antes se encontraban en movimiento. Sin embargo, la teoría de juegos utiliza la palabra «equilibrio» para nombrar su principal concepto: el equilibrio de Nash. Este se alcanza porque cada jugador anticipa correctamente los posibles movimientos del resto. Como las decisiones se toman de manera simultánea, la idea de un proceso que lleva al equilibrio mediante modificaciones sucesivas de las anticipaciones carece en este caso de sentido. Por ello, cuesta creer en un «equilibrio» sin imaginar una u otra forma de dinamismo.

Podemos ejemplificarlo con la ayuda del modelo de duopolio de Cournot, del que el equilibrio de Nash es un digno heredero. En este conocido modelo de competencia imperfecta (estructura de mercado caracterizada por productores capaces de fijar un precio diferente al que marca el mercado), cada empresa realiza una oferta anticipándose a la de la otra. La empresa, que no conoce a su competencia, tiene la teoría de que cuando tome su decisión, la otra empresa no cambiará de opinión. El equilibrio de Cournot sucede cuando cada empresa realiza su oferta previendo exactamente lo que hará la otra.

No solo no se establece la dinámica que lleva al equilibrio, sino que, además, la solución de equilibrio nunca tendrá lugar a no ser que se dé la excepcional situación de que una empresa descubra por casualidad la oferta de la otra.

En una misma línea se puede extender la crítica a otro modelo de equilibrio no cooperativo, como el del duopolio de Joseph François Bertrand (matemático y economista francés, 1822-1900), en el que las empresas proponen estrategias basadas en los precios. Cabe destacar que nunca tiene lugar el equilibrio de Nash porque ambas empresas fijan el mismo precio, igual al coste medio (que se supone que se mantiene constante). Dado que a ese precio el beneficio es nulo, a ambas les interesa ofrecer un precio superior al coste y, de esta forma, tener un cincuenta por ciento de posibilidades de obtener un beneficio estrictamente positivo (y no nulo). Por ello, ninguna de las dos se decanta por la solución del equilibrio de Nash.

Otro aspecto que plantea un problema en el equilibrio de Nash es el hecho de que el jugador no puede cambiar de estrategia cuando el juego ya ha comenzado. Este punto también constituye un límite de la teoría.

Aplicaciones de la teoría de juegos

Retomemos la definición de la teoría de juegos mencionada con anterioridad para darnos cuenta de las dificultades que se presentan a la hora de aplicar esta teoría a situaciones de la vida real. De hecho, es prácticamente imposible encontrar ejemplos de situaciones que puedan simplificarse mediante el dilema del prisionero, puesto que el sistema de valores resultante de la educación y de la cultura ejerce una gran influencia en las elecciones de los individuos. Como las condiciones del juego no pueden observarse en la vida cotidiana, se han creado en un entorno controlado, por lo que es difícil aplicar teoría de juegos a la realidad, incluso en un contexto que en principio parezca favorable (interacción).

Finalmente, cabe señalar que son muchos (entre los que destaca Bernard Guerrien en su obra *La Théorie des jeux*) los que consideran que, como regla general, la teoría de juegos no resuelve ni propone nada a los jugadores. Lo que hace es, sobre todo, llamar la atención sobre los problemas que se derivan de las elecciones de individuos que interactúan una vez se han puesto sobre la mesa todas las hipótesis del modelo. Por ello, es necesario ser prudente en el manejo de esta herramienta de economía experimental.

EXTENSIONES Y MODELOS CONEXOS

El conjunto de límites y críticas precedentes sobre la teoría de juegos proceden sobre todo del hecho de que nos referimos a un juego simple con solo una jugada y a que no existe cooperación entre los jugadores. ¿Qué observamos cuando los jugadores cooperan y realizan repetidamente varias interacciones?

De forma intuitiva, la cooperación puede surgir más fácilmente después de repetidas interacciones. Es lo que llamamos «juegos repetidos». ¿Por qué su florista le vende un buen ramo de flores al mismo precio por el que podría darle un ramo peor que podría haber comprado más barato? Indudablemente, porque quiere que vuelva. Si vuelve a su tienda, usted estará cooperando como consumidor.

La repetición de juegos introduce un poderoso motivo de cooperación. Cooperar una primera vez incita a seguir cooperando. Esta motivación no existe en los juegos estáticos de una jugada.

Existen dos tipos de juegos repetidos:

- aquellos cuyo final conocemos con seguridad;
- aquellos cuyo final desconocemos.

Esta distinción es importante, puesto que las implicaciones en teoría de juegos son diferentes.

Juegos finitos

Lo importante en este tipo de juegos es el final, que los jugadores conocen de antemano. Estos también conocen los resultados de las jugadas precedentes. La determinación del equilibrio de Nash se realiza mediante un método llamado «inducción retroactiva» o *backward induction*.

INDUCCIÓN RETROACTIVA

La idea consiste en determinar las estrategias óptimas de los actores en la última jugada. Para ello, razonamos comenzando por la última etapa del juego y retrocedemos hasta la primera.

En el ejemplo del dilema del prisionero descrito más arriba es posible entrever lo que sucede si se repite un juego un número de veces finito.

En el último periodo (T), y dando por hecho que el juego se acaba ahí, la mejor estrategia para cada jugador desde el punto de vista de la racionalidad individual es confesar (mismo resultado que en el juego estático). El equilibrio de Nash puede entonces aplicarse (confesar, confesar).

En la fase T-1 (antes del último periodo), a ambos jugadores les sigue pareciendo interesante cooperar, puesto que son conscientes de que queda un último periodo. Sin embargo, sabemos que durante este no es posible cooperar. Así, en T-1 tampoco resulta interesante cooperar y volvemos a entrar en el equilibrio de Nash (confesar, confesar). Lo que es cierto en T-1 también lo es en T-2, y así sucesivamente hasta el primer periodo. Mediante la inducción retroactiva es posible mostrar que, en todas las etapas, los jugadores van a utilizar la estrategia de «confesar». Este resultado se explica porque los jugadores anticipan lo que va a ocurrir.

Juegos infinitos

Existen dos tipos de juegos infinitos:

- aquellos en los que las partes se persiguen hasta el infinito (sin límite en el tiempo);
- aquellos, más realistas, en los que el juego se detiene de improviso (aleatoriamente).

En el caso de los juegos finitos, es posible determinar el equilibrio de Nash mediante la inducción retroactiva, puesto que basta con anticipar las elecciones de los jugadores en T. Este razonamiento no es válido en un juego infinito, ya que existen numerosas estrategias posibles y, por consecuencia, múltiples equilibrios.

Un resultado fundamental en la teoría de juegos, y que es necesario conocer aunque no nos extenderemos en él debido a su complejidad, es el siguiente: si los agentes son lo suficientemente pacientes, algunas estrategias que comportan fases de cooperación recíproca son equilibrios de Nash.

Vamos a intentar comprender este resultado fundamental de la teoría de juegos mediante el ejemplo de un dilema del prisionero repetido un número infinito de veces.

Existen tres pares de estrategias posibles para que se dé el equilibrio de Nash:

- el jugador 1 elige «confesar» y el jugador 2 elige «confesar» de forma permanente. A la vista de las constataciones observadas en los capítulos anteriores, sabemos que este equilibrio presenta un interés limitado;
- los dos jugadores acuerdan «negar». Cuando uno de los dos rompe el acuerdo, el otro responde mediante la elección de «confesar» permanentemente;
- el acuerdo «ojo por ojo, diente por diente», según el que el jugador que elige «confesar» se ve castigado por el otro, que juega «confesar» el número de veces que sea necesario para que los daños causados se igualen (número de años de cárcel). De hecho, si el jugador 1 confiesa, el jugador 2 también elegirá confesar para no dejar al otro libre.

El acuerdo que parece más creíble y más beneficioso para todos es el de «ojo por ojo, diente por diente». Este resultado es válido sea cual sea la persona que realiza el castigo. Así, el hecho de creer en una justicia inmanente, celestial o terrestre puede ser un factor de coordinación y estabilidad al mismo nivel que la amenaza del adversario. Resulta interesante comprobar que, si los dos jugadores son racionales, no se desviarán del acuerdo y, por consiguiente, no se aplicará el castigo.

APLICACIÓN DEL CONCEPTO — EL ESPECTRO POLÍTICO

Supongamos que en un país, las opiniones políticas se encuentran repartidas uniformemente sobre un eje que va de la extrema izquierda a la extrema derecha. Pongamos también que dos partidos políticos (A y B) tienen que posicionarse políticamente de cara a las elecciones con el fin de conseguir el mayor número de votos.

Gráficamente, la situación se representa de la siguiente forma:

Espectro político

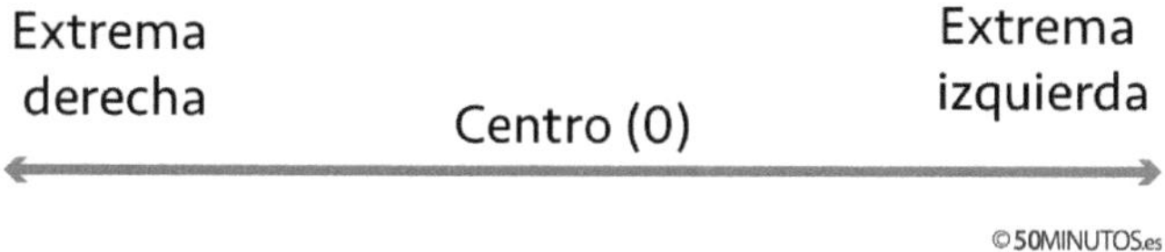

Finalmente, supongamos que los partidos entran uno tras otro en la palestra política y que el elector vota al que más cerca se encuentra de los temas que le preocupan.

CASO 1

Si el primer partido (A) se posiciona a la izquierda, el segundo (B) lo hará también a la izquierda, pero ligeramente más a la derecha que el primer partido para concentrar a una parte de los electores de centro izquierda, de centro y de derecha, con el objetivo de ganar las elecciones.

Esta situación se representa en una gráfica de la siguiente manera:

Espectro político: caso 1

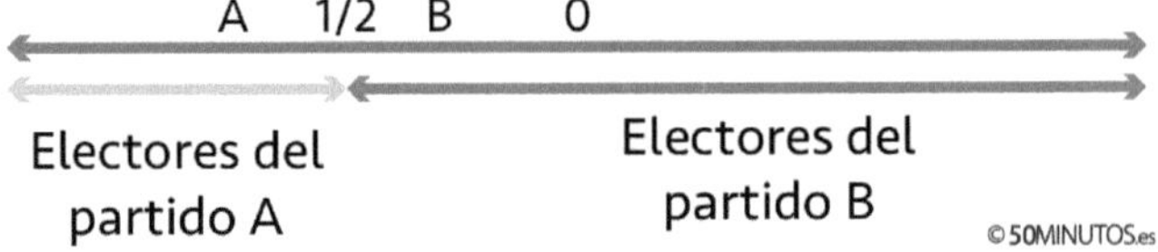

El segundo partido (B) se llevará los votos de los electores situados a su derecha más la mitad de los votos que se encuentran entre él y el primer partido (A) situado a su derecha.

CASO 2

Si el primer partido se posiciona a la derecha (A), al segundo (B) le interesa ubicarse también en la derecha, pero ligeramente más a la izquierda del primer partido para ganar las elecciones.

La situación se representa gráficamente de esta forma:

Espectro político: caso 2

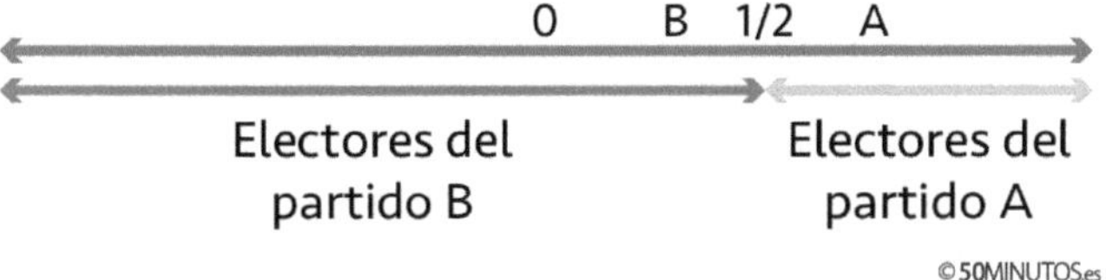

Como ya sucedió en el primer escenario, el partido B superará al partido A.

Por ello, a ambos partidos les beneficia posicionarse en el centro del espectro político. Este resultado, lejos de ser solo teórico, se corresponde bastante con la situación política observada en los Estados Unidos, donde es difícil diferenciar a los republicanos de los demócratas.

¿Y SI AÑADIMOS UN PARTIDO MÁS?

Supongamos ahora que los dos partidos políticos anteriores saben que un tercer partido (C) tiene la intención de entrar en el espectro político del país.

- Si la situación política del país es la del caso 1, al tercer partido le interesaría posicionarse ligeramente a la derecha del partido B para hacerse con casi la mitad de los votos.
- Si la situación política del país es la del caso 2, el tercer partido tendrá que ubicarse ligeramente a la izquierda del partido B para llevarse casi la mitad de los votos.

Para evitar estas dos situaciones tan poco beneficiosas, y a sabiendas de que un tercer partido político va a hacer entrada en el espectro político, los dos primeros partidos van a ubicarse, respectivamente, en el centro del electorado de izquierdas y en el centro del electorado de derechas. Al hacerlo, cada uno de ellos se hará con los votos de la mitad del electorado.

¿Compartir el espectro político?

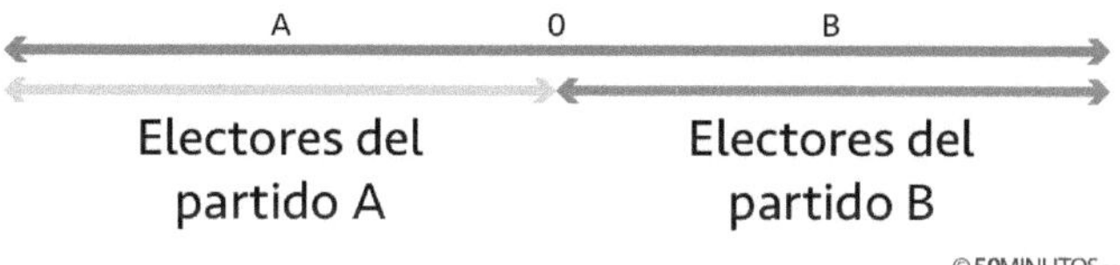

Si, a pesar de este posicionamiento, el tercer partido decide entrar en el espectro político, se hará con un cuarto de los votos (2/8) al ubicarse en el centro del tablero, mientras que los otros dos partidos conseguirán 3/8 de los votos.

Tres partidos en el espectro político

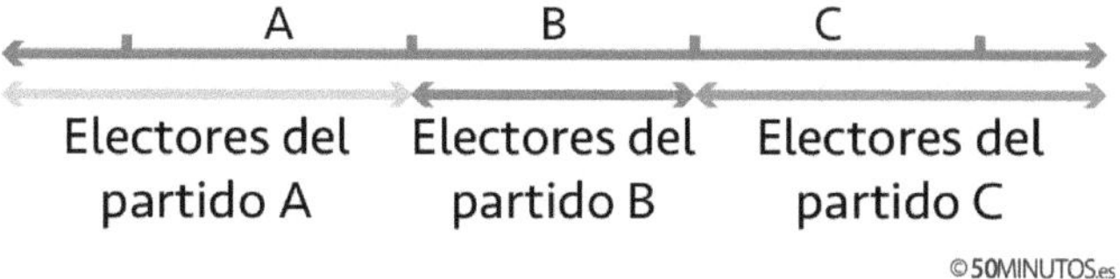

En esta situación, ¿por qué le interesaría a un tercer partido entrar en el espectro político? Un observador externo diría con toda probabilidad que no tiene ningún sentido. Sin embargo, es necesario matizar que, en algunos países, este posicionamiento puede resultar provechoso. En un sistema político con el de Bélgica, por ejemplo, un partido político minoritario puede participar en la toma de decisiones mediante la realización de acuerdos con otros partidos.

EN RESUMEN

- Los primeros análisis de juegos de azar se remontan a la época del Renacimiento. Los trabajos de Antoine Augustin Cournot, de Francis Ysidro Edgeworth, de Ernst Friedrich Ferdinand Zermelo y de Émile Borel participan de forma activa en la definición de la teoría.
- El nacimiento de la disciplina data de 1944, cuando se publica el texto fundador *Theory of Games and Economic Behavior* de John Forbes Nash, John von Neumann y Oskar Morgenstern.
- El concepto de «solución de equilibrio en juegos de suma cero» fue promulgado por Nash en 1950, y el de «equilibrio perfecto en subjuegos» en 1965 por Reinhard Selten. Charles Harsanyi popularizó el concepto de equilibrio de Nash en 1967 y, en esa misma década, Donald Bruce Gillies sugirió una sistematización del equilibrio general. A partir de los años setenta y ochenta, la teoría de juegos experimenta un importante desarrollo,

y son muchos los teóricos de juegos que se ven recompensados (Premio Nobel de Economía).

- Además de ser una fantástica herramienta en las negociaciones, la teoría de juegos tiene como objetivo principal demostrar que los individuos, las empresas y los países son interdependientes, y que la interacción es beneficiosa en lo que se refiere a la resolución de problemas comunes. Asimismo, demuestra que no es fácil cooperar y que, en ciertos casos, es preferible el entendimiento al enfrentamiento.
- El campo de aplicación de la teoría de juegos es increíblemente amplio y se observa en el día a día, sobre todo en el espectro político.
- Los límites y las críticas de la teoría de juegos tratan la noción de juego (terminología abusiva que hace referencia al disfrute, cuando en realidad se trata de una serie de restricciones ligadas a una encrucijada), el equilibrio de Nash (ausencia de un proceso dinámico que lleve al equilibrio) y las aplicaciones del modelo (resulta prácticamente imposible encontrar aplicaciones en la vida cotidiana).
- Dado que las críticas de la teoría de juegos se dirigen sobre todo al hecho de que se limita a un juego simple de una sola jugada y a la no

cooperación entre jugadores, los teóricos de juegos han completado el modelo base con juegos repetidos (finitos e infinitos), que obligan a los jugadores a cooperar con más ganas.

• A pesar de que la teoría de juegos no puede aplicarse a todos los aspectos de la vida en sociedad, es de cierta utilidad en el campo de la medicina, la política, la estrategia militar y la economía. Nos invita a reflexionar sobre la complejidad de las interacciones sociales, lo que nos permite ver los acontecimientos con perspectiva.

¡Tu opinión nos interesa!
¡Deja un comentario en la página web de tu librería en línea,
y comparte tus favoritos en las redes sociales!

PARA IR MÁS ALLÁ

FUENTES BIBLIOGRÁFICAS

- Archives-ouvertes. Consultado el 21 de mayo de 2014. http://hal.archives-ouvertes.fr/

- Davis, Morton. 1974. *Introduction à la théorie des jeux*. París: Armand Colin.

- Encyclopédie Universalis. Consultado el 21 de mayo de 2014. http://www.universalis.fr/

- Friedman, James. 1990. *Game Theory with Applications to Economics*. Oxford: Oxford University Press.

- Gabszewicz, Jean. 1970. *Théorie du noyau et de la concurrence imparfaite*. Lovaina: Recherches Économiques de Louvain, vol. 36, 21-37.

- Giraud, Gaëlle. 2000. *La Théorie des jeux*. París: Flammarion.

- Le Monde. Consultado el 21 de mayo de 2014. http://www.lemonde.fr/

- Moulin, Hervé y René de Possel. 1979. *Fondations de la théorie des jeux*. París: Hermann.

- Ponssard, Jean-Pierre. 1977. *Logique de la négociation et théorie des jeux*. París: Éditions d'Organisation.

- Smith, John Maynard. 2002. *Evolution and the Theory of Games*. Cambridge: Cambridge University Press.

- Thisse, Jacques-François. 2004. "Théorie des jeux: une introduction". Notas de curso, Universidad Católica de Lovaina, Departamento de Ciencias Económicas.

- Tirole, Jean. 1985. *Concurrence imparfaite*. París: Economica.

- Yildizoglu, Murat. 2011. *Introduction à la théorie des jeux. Manuel et exercices corrigés*. París: Dunod.

FUENTES COMPLEMENTARIAS

- Binmore, Ken. 1999. *Jeux et Théorie des jeux*. Lovaina la Nueva: De Boeck Université.

- Kuhn, Harold W. 2003. *Lectures on the Theory of Games*. Princeton: Princeton University Press.

- Sorin, Sylvain. 2002. "A first Course on Zero-sum Repeated Games". *Mathématiques et Applications*, n.° 37.

- Yildizoglu, Murat. 2003. *Introduction à la théorie des jeux*. París: Dunod.

www.50Minutos.es

ISBN ebook: 9782806274915

ISBN papel: 9782806286109

Depósito legal: D/2016/12603/546

Libro realizado por <u>Primento</u>*, el socio digital de los editores*